52 « mises à l'épreuve »

Pour

Ne pas oublier

De

S'aimer !

Valentin Musso

Les Règles

C'est assez simple :
52 semaines pour 52 défis, pour 52 gages !

Chaque semaine, choisissez un moment pour jouer. Ce n'est pas forcément un moment long, mais ce doit être un moment détendu, propice à la complicité.

Sur la page suivante vous trouverez des chiffres à découper. Faites trois sachets : un avec 1 et 2, un avec 0, 1, 2, 3, 4, 5 et un avec 0, 1, 2, 3, 4, 5, 6, 7, 8, 9.

Le premier sachet servira à définir la question posée (1 ou 2), le second et le troisième à définir le nombre (dizaine + unité) qui déterminera le numéro du gage à exécuter en cas de mauvaise réponse.

Chacun répond à une des deux questions. Attention : la question concerne toujours l'autre, jamais vous ! Quand les 2 questions ont été posées, chacun note de son côté sa proposition, puis chacun note sur la page suivante la réponse à la question de son « adversaire », à l'emplacement prévu. On compare alors avec les propositions.

Si la réponse est juste, alors BRAVO ! Sinon, vous piochez un numéro dans le sachet 2 et un dans le sachet 3, ce qui déterminera le numéro du gage à effectuer, que vous trouverez à la fin du livre.

Exemple : 2 joueurs A et B. Le joueur A pioche d'abord le chiffre 2. Il répond donc à la seconde question tandis que B devra répondre à la première. Ils notent leur proposition chacun de leur côté.

Si la question de A était « Quelle est ma couleur préférée ? », il doit évidemment déterminer la couleur préférée de B. Il note une couleur de son côté, puis B note sur la page suivante du livre la vraie réponse : sa couleur préférée.

Forcément, l'autre question concerne A, donc c'est l'inverse.

On compare ensuite les propositions avec les réponses des intéressés.

S'il y a erreur, alors il y a gage ! Le ou la perdante (ou les deux !) piochent un chiffre dans le sachet 2 (dizaines) et un chiffre dans le sachet 3 (unités). Il n'y a plus qu'à consulter le numéro du gage auquel renvoie le tirage !

Pour info, il y a 59 gages, donc chaque tirage fonctionnera.

Amusez-vous bien !

1	1	1
2	2	2
0	3	4
5	0	3
4	5	6
7	8	9

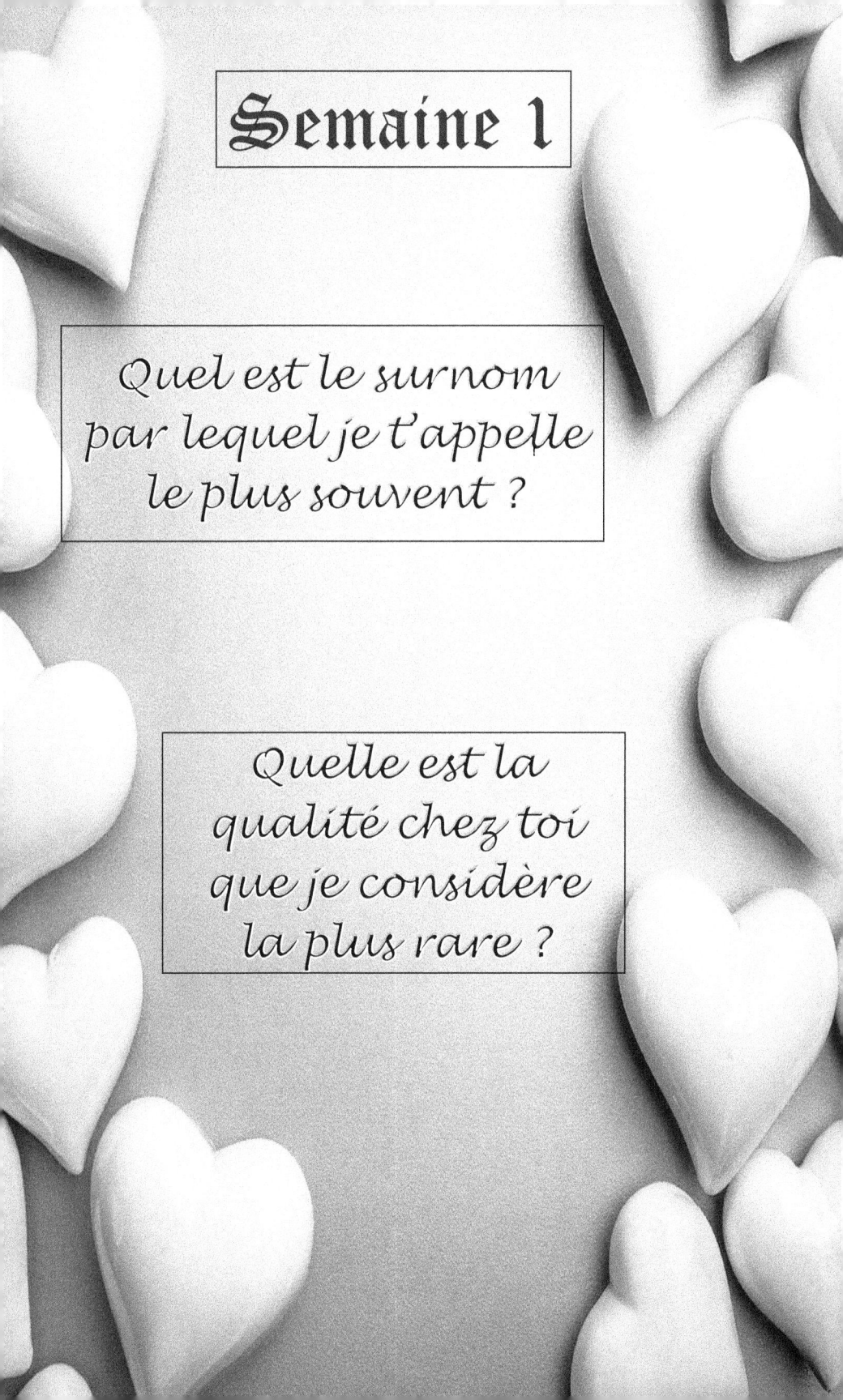

Semaine 1

Quel est le surnom par lequel je t'appelle le plus souvent ?

Quelle est la qualité chez toi que je considère la plus rare ?

Réponses

1

2

Semaine 2

Quelle est mon activité préférée pour me déstresser ?

Si je devais changer de coupe de cheveux, laquelle choisirais-je ?

Réponses

1

2

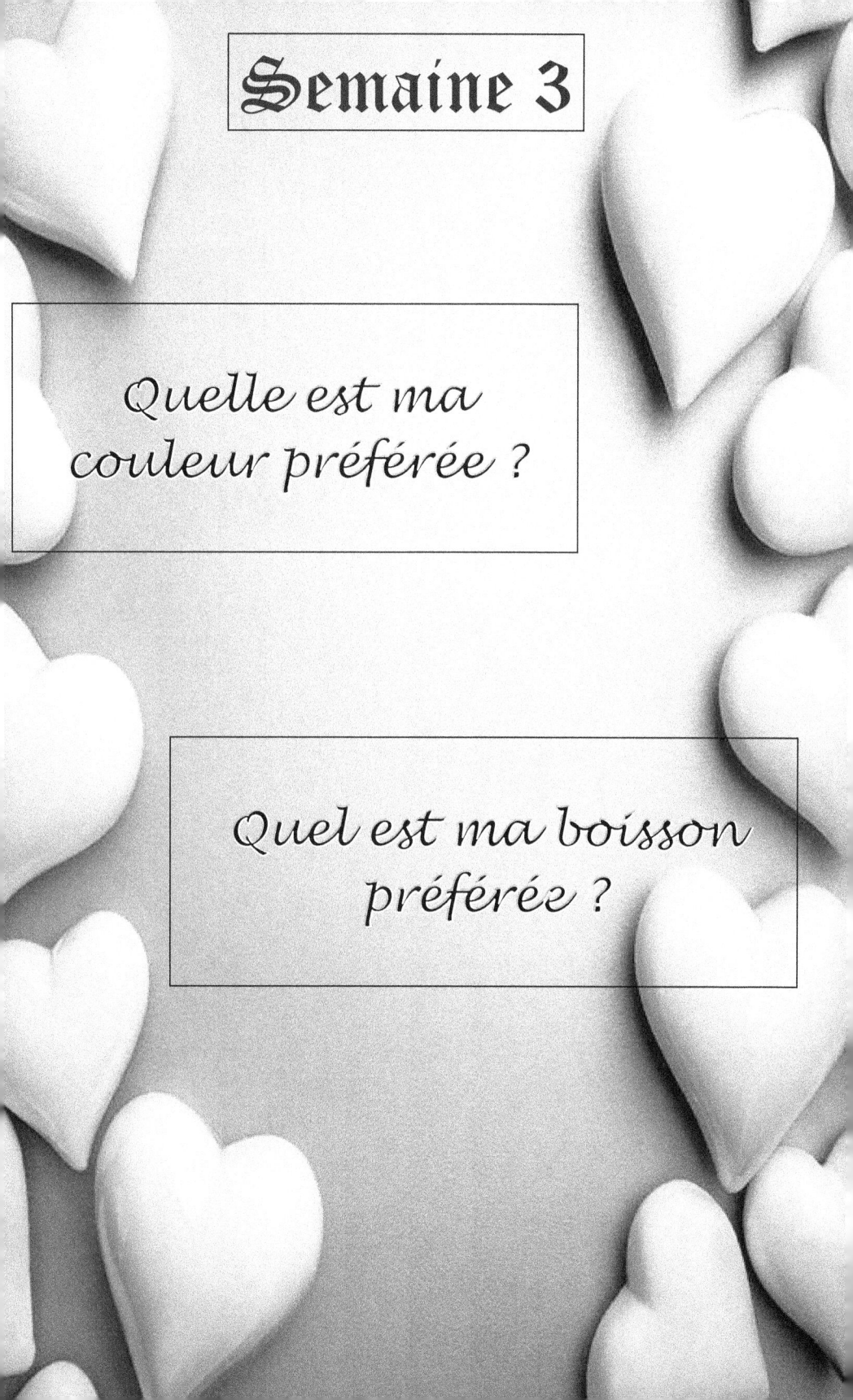

Semaine 3

Quelle est ma couleur préférée ?

Quel est ma boisson préférée ?

Réponses

1

2

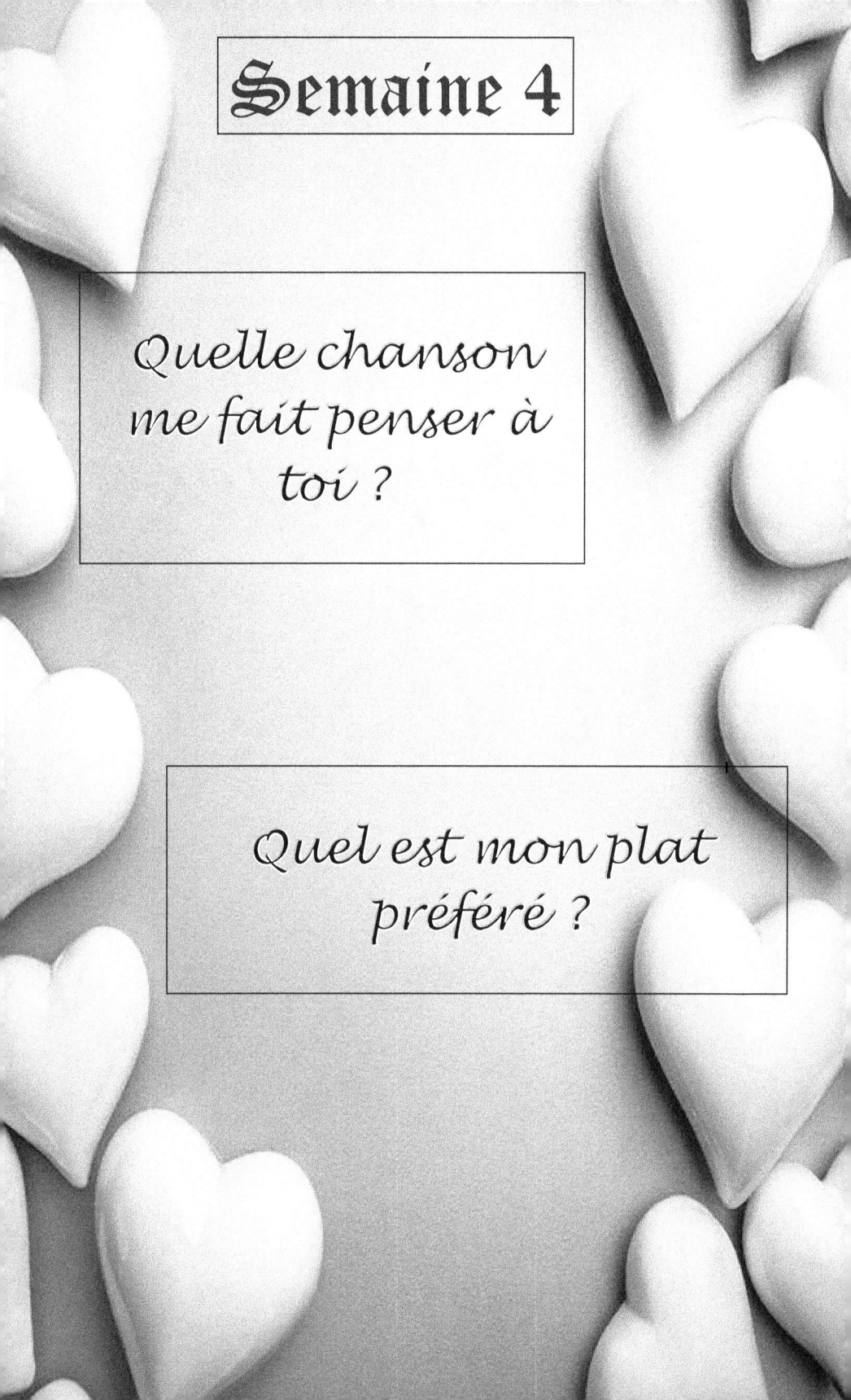

Semaine 4

Quelle chanson me fait penser à toi ?

Quel est mon plat préféré ?

Réponses

1

2

Semaine 5

Quel est mon dessert préféré ?

Quelle est ma série ou mon film préféré en ce moment ?

Réponses

1

2

Semaine 6

Si je pouvais choisir seul(e) une destination de vacances, où irions-nous ?

Quel est le restaurant que j'aime le plus fréquenter avec toi ?

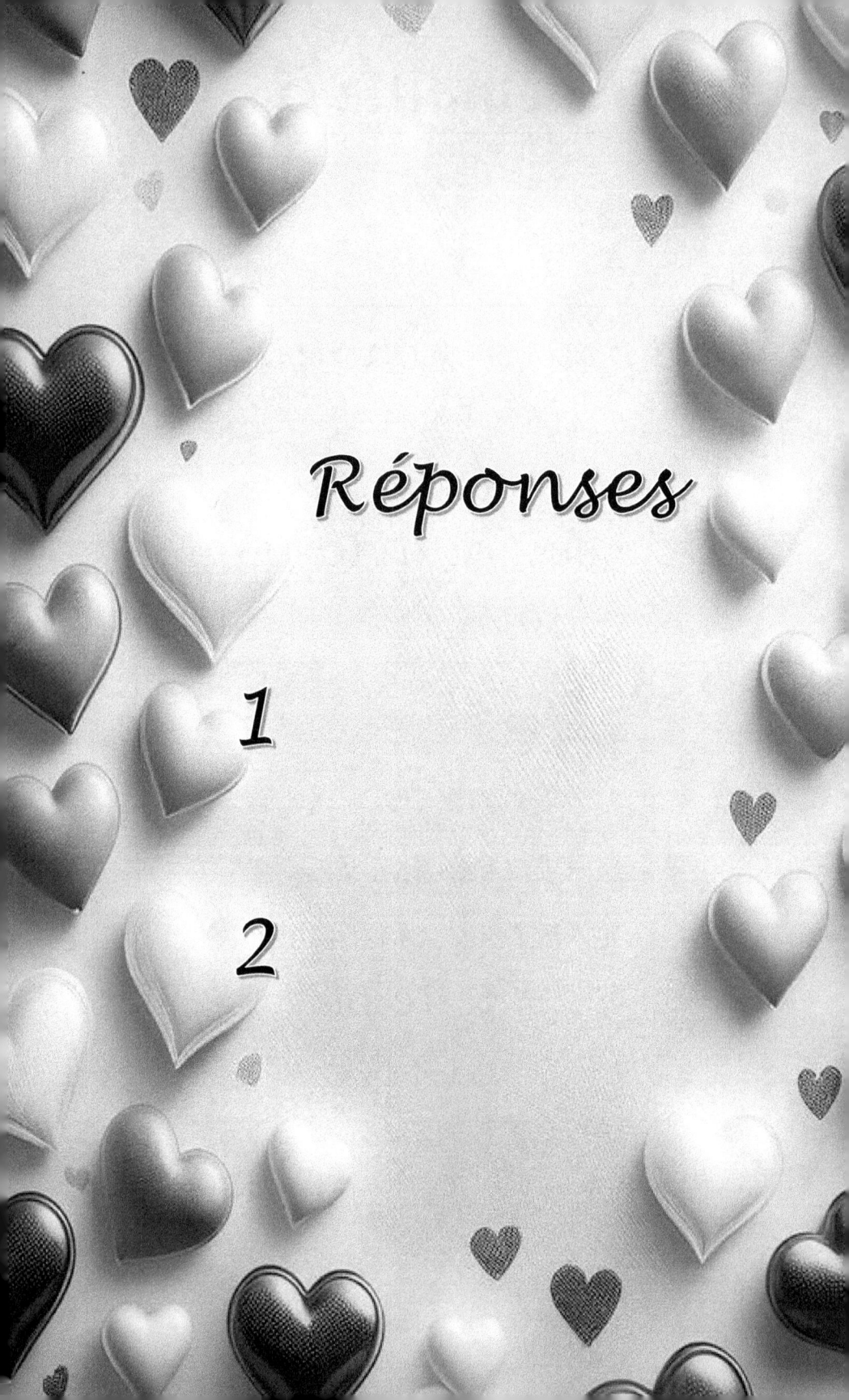

Réponses

1

2

Semaine 7

Quelle est la première chose que je fais en me réveillant le matin ?

Quelle est ma saison préférée ?

Réponses

1

2

Semaine 8

Si je pouvais changer de métier, que ferais-je ?

Quel est mon plus grand rêve ou ambition ?

Réponses

1

2

Semaine 9

Si je devais choisir un animal de compagnie (autre qu'un chien ou un chat), lequel choisirais-je ?

Quelle est ma plus grande peur ?

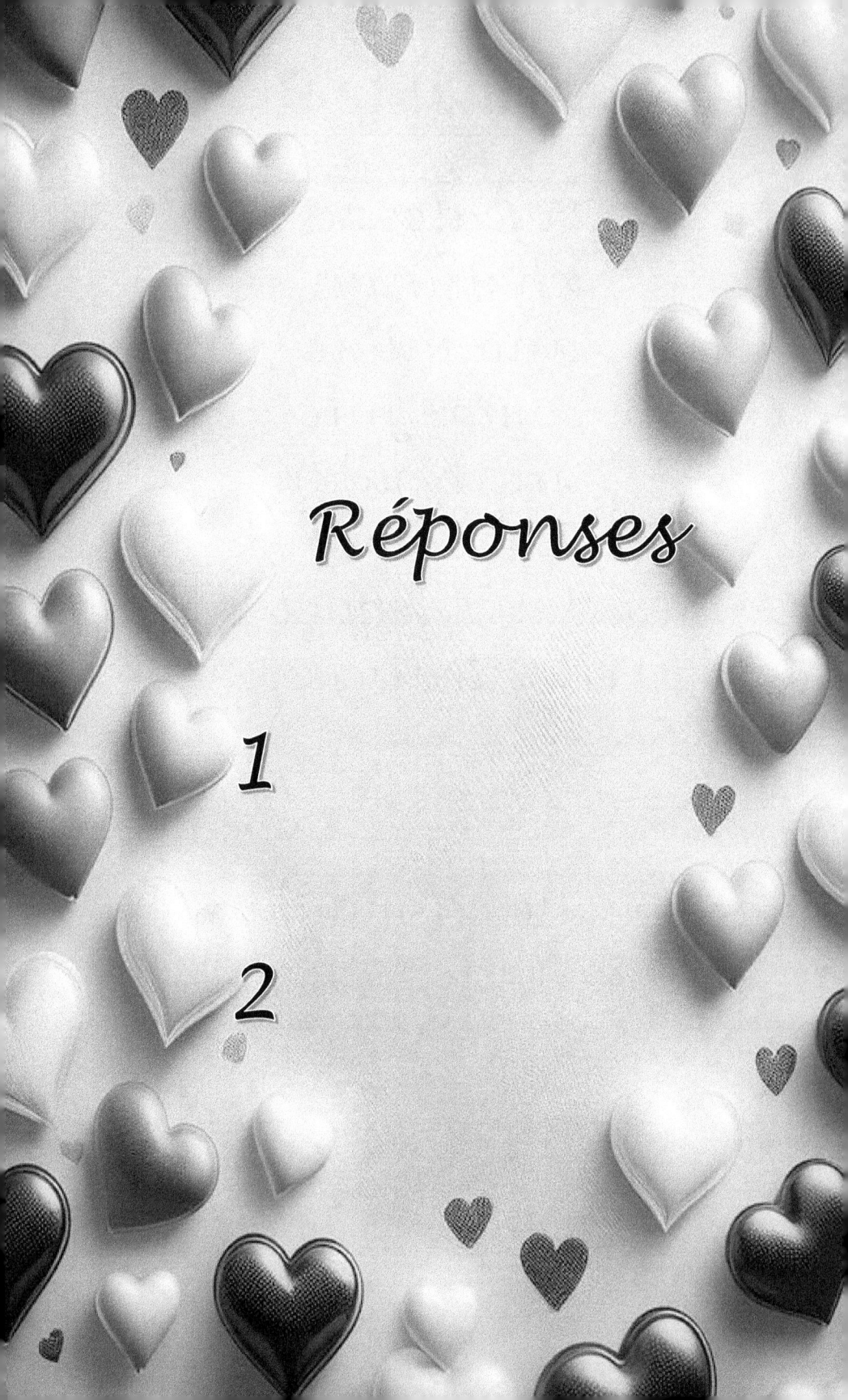

Réponses

1

2

Semaine 10

Qu'est-ce qui me rend instantanément de bonne humeur ?

Qu'est-ce qui m'énerve le plus facilement ?

Réponses

1

2

Semaine 11

Quel est mon souvenir d'enfance préféré que je t'ai raconté ?

Quel est mon talent caché que peu de gens connaissent ?

Réponses

1

2

Semaine 12

Quel est mon moment préféré de la journée ?

Quelles sont mes fleurs préférées ?

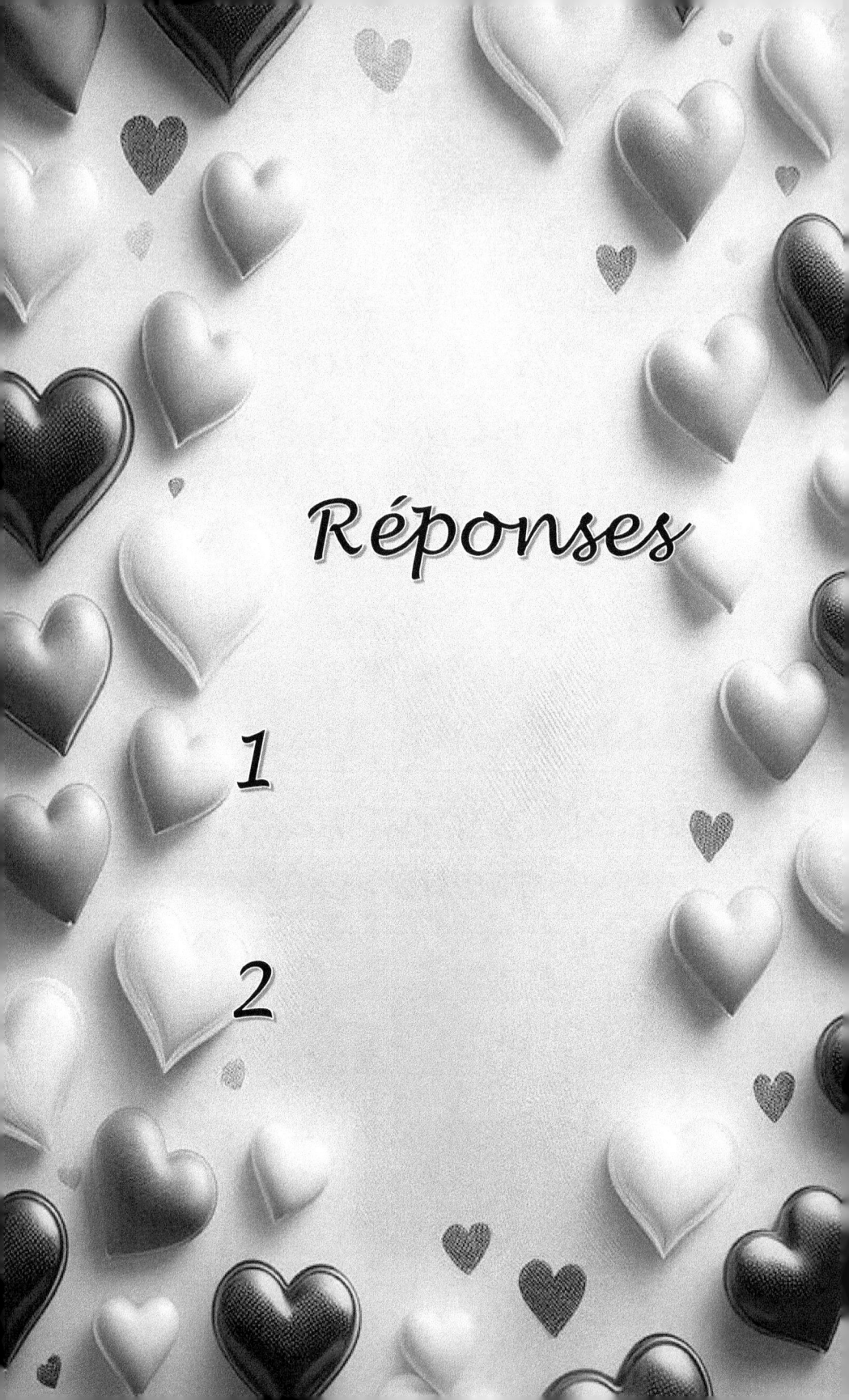

Réponses

1

2

Semaine 13

Quel est le premier film que nous avons regardé ensemble ?

Qu'est-ce que j'ai trouvé le plus attirant chez toi quand nous nous sommes rencontrés ?

Réponses

1

2

Semaine 14

Si je devais choisir entre une journée à la plage ou une journée en montagne, que choisirais-je ?

Si je souhaitais apprendre une nouvelle langue, laquelle choisirais-je ?

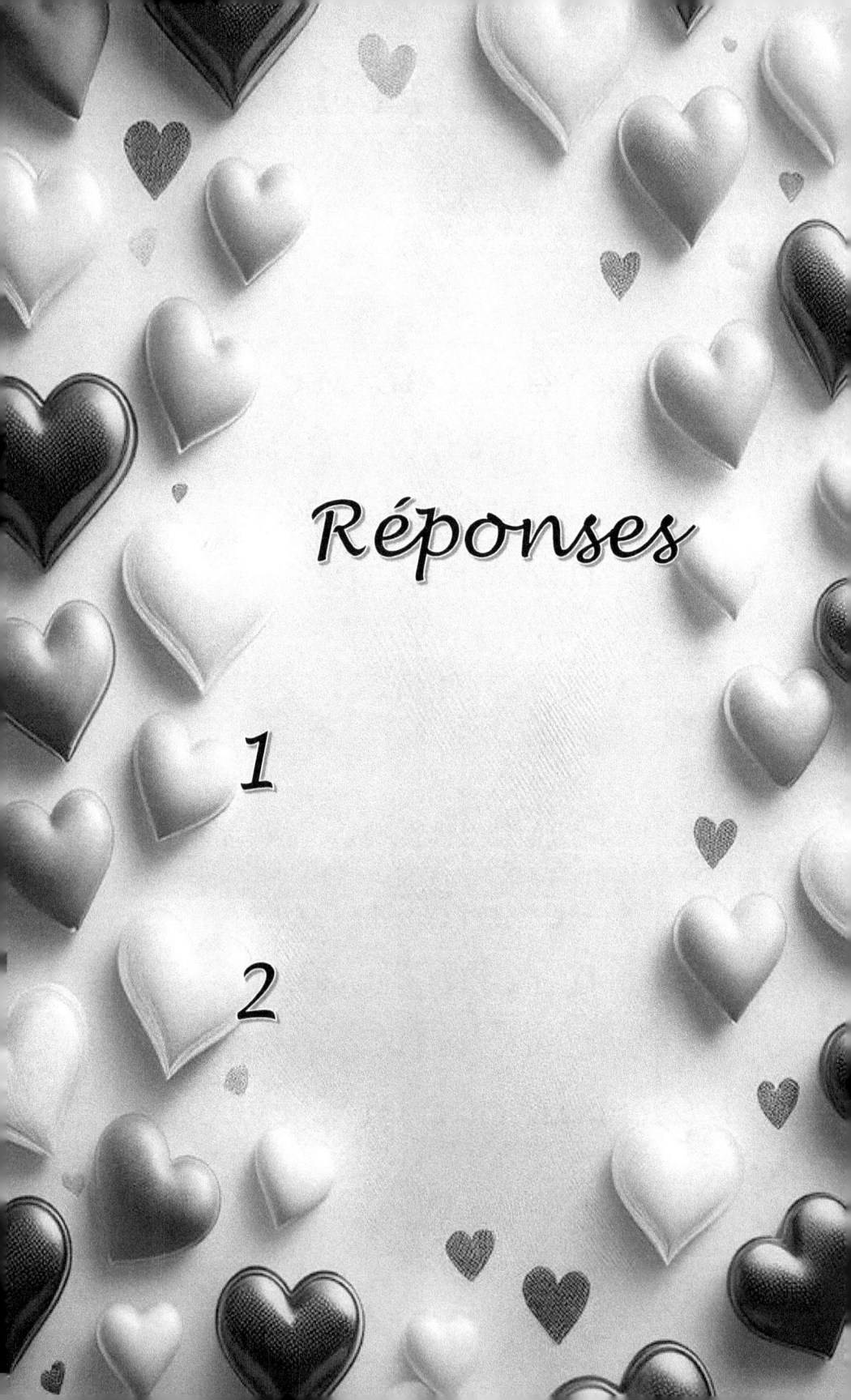

Réponses

1

2

Semaine 15

Quel est le compliment que tu me fais le plus souvent ?

Quelle est la chose que je fais le mieux, selon toi ?

Réponses

1

2

Semaine 16

Quelle est ma plus grande qualité, selon moi ?

Quelle est la chose que je fais pour toi qui te fait te sentir le plus aimé(e) ?

Réponses

1

2

Semaine 17

Quelle est la chose la plus romantique que tu as faite pour moi ?

Quelle est la chose que tu fais qui me rend le/la plus heureux(se) ?

Réponses

1

2

Semaine 18

Quel est mon plus grand défaut, selon moi ?

Quelle est ma tenue préférée pour être à l'aise à la maison ?

Réponses

1

2

Semaine 19

Si je devais choisir un super pouvoir, lequel choisirais-je ?

Quelle est ma boisson préférée au petit déjeuner ?

Réponses

1

2

Semaine 20

Quelle est la chose la plus folle que j'ai faite pour toi ?

Si je devais choisir entre un dîner au restaurant ou une soirée à la maison, que préférerais-je ?

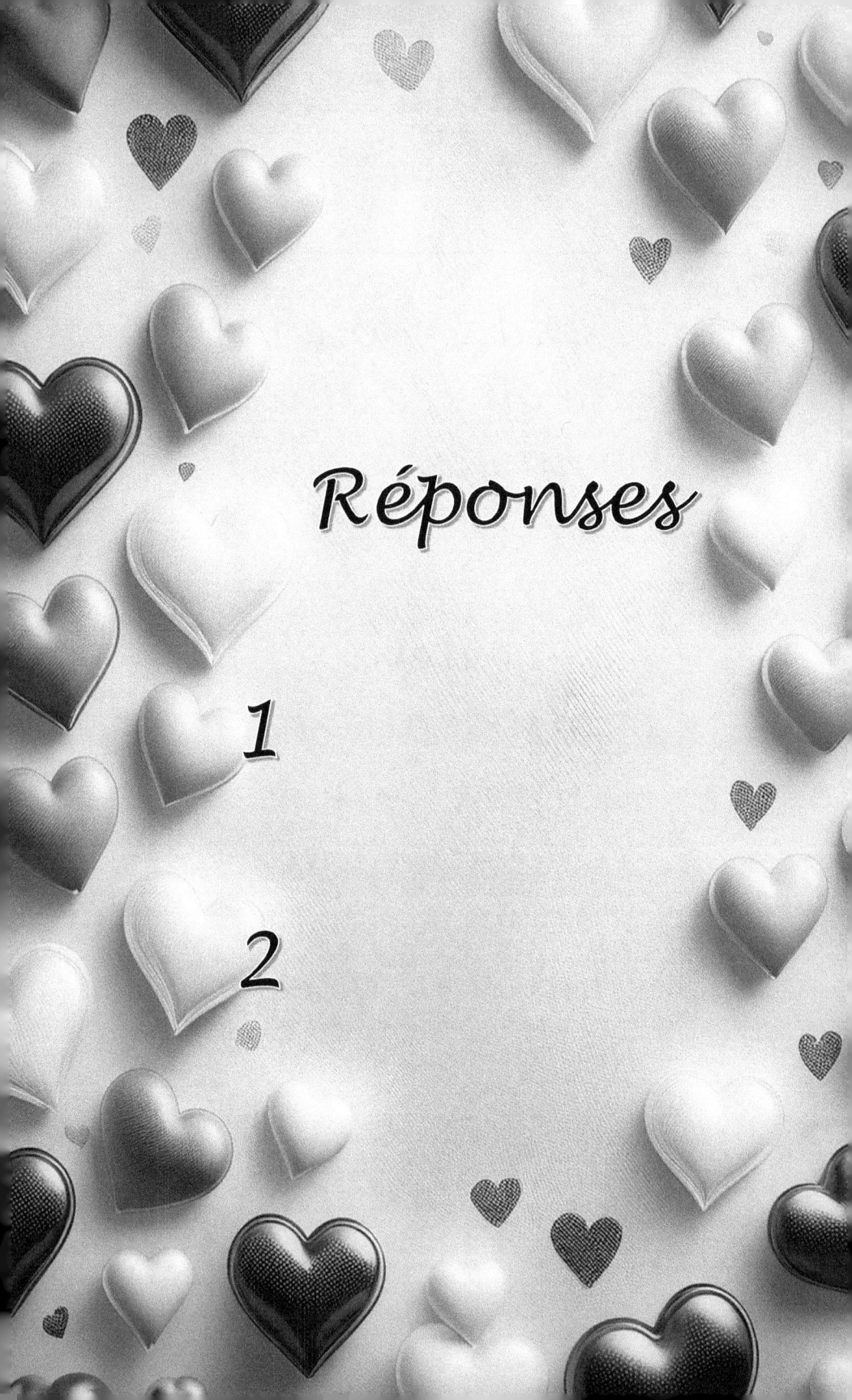
Réponses

1

2

Semaine 21

Quelle est la chose que je fais tous les jours et dont je ne peux pas me passer ?

Quelle est ma plus grande peur irrationnelle ?

Réponses

1

2

Semaine 22

Quelle est ma fête préférée de l'année ?

Si je devais choisir entre sucré et salé, que choisirais-je ?

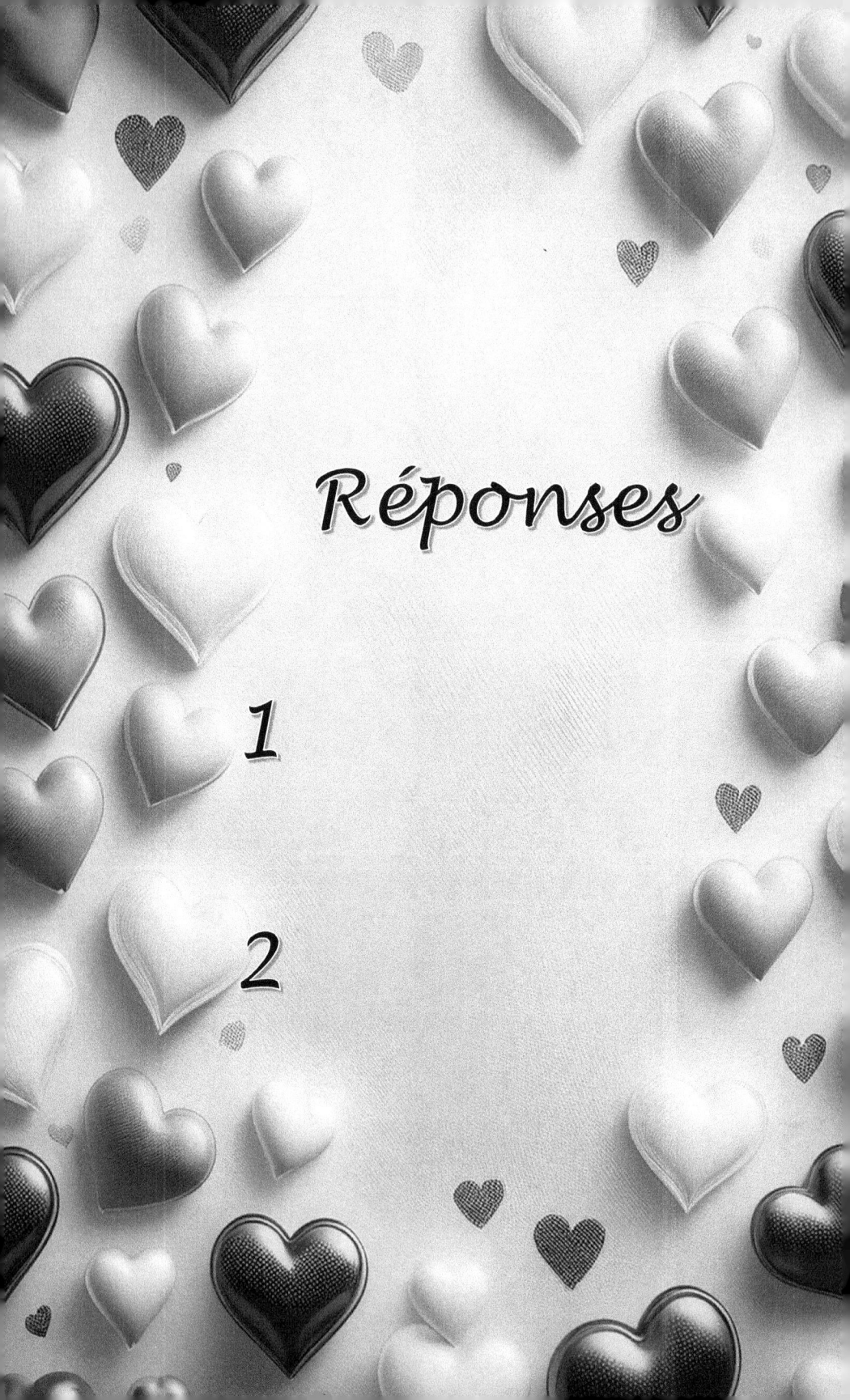
Réponses

1

2

Semaine 23

Si je devais participer à un jeu télévisé, lequel choisirais-je ?

Quelle est la chose que je veux absolument accomplir dans ma vie ?

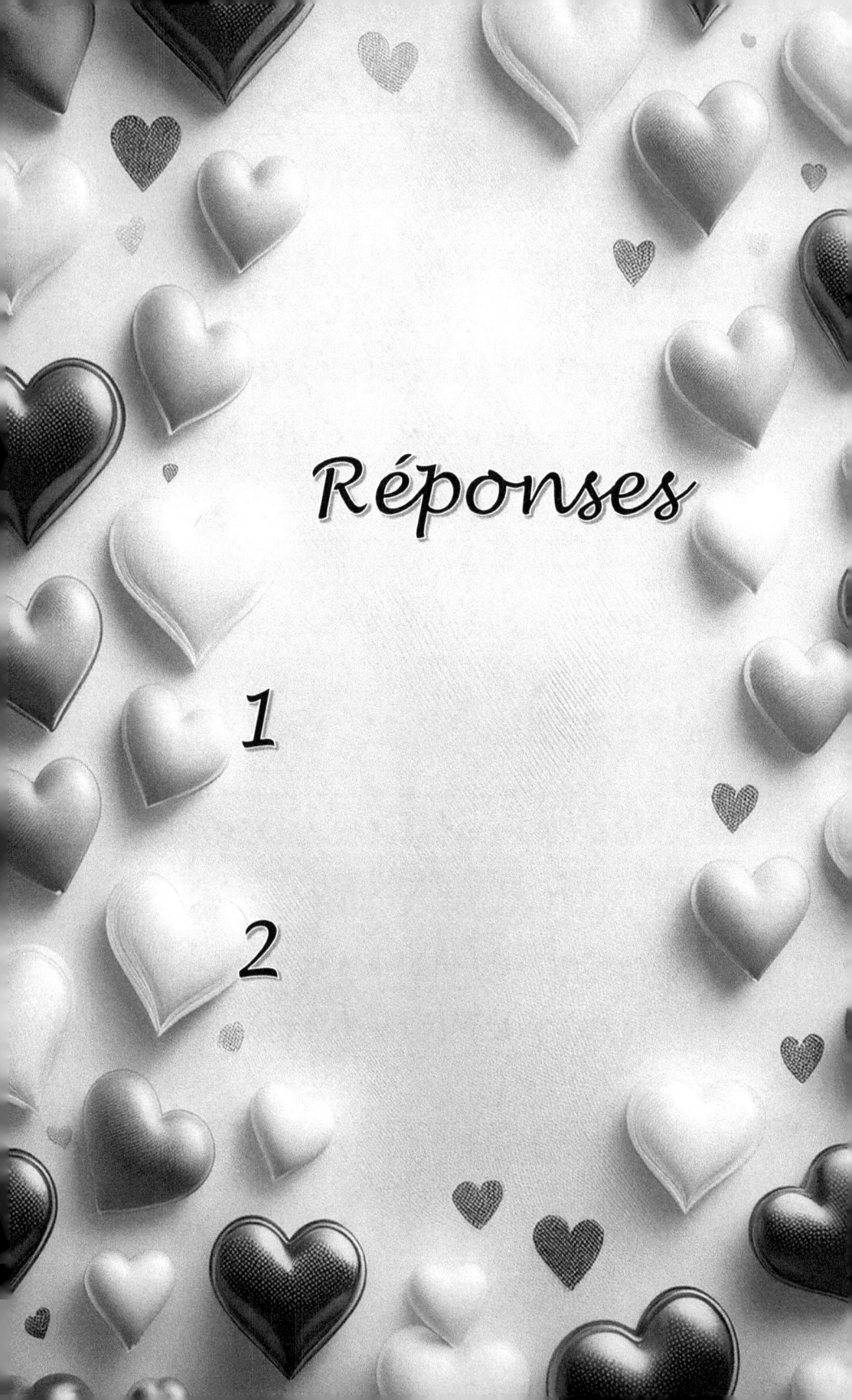

Réponses

1

2

Semaine 24

Quelle est ma glace préférée ?

Quelle est ma ville préférée (déjà visitée) ?

Réponses

1

2

Semaine 25

Quelle est la chose que je collectionnerais si j'en avais l'occasion ?

Qu'est-ce que je préfère faire le dimanche après-midi ?

Réponses

1

2

Semaine 26

Quelle est ma façon préférée de me détendre ?

Quel est le moment le plus embarrassant que nous avons partagé ensemble ?

Réponses

1

2

Semaine 27

Si je devais écrire un livre, quel en serait le sujet ?

Quel est mon plat préféré parmi ceux que tu prépares ?

Réponses

1

2

Semaine 28

Si je devais regarder un type de film ce soir, choisirais-je un film d'action, une comédie ou un documentaire ?

Quelle est la chanson qui me fait immédiatement danser ?

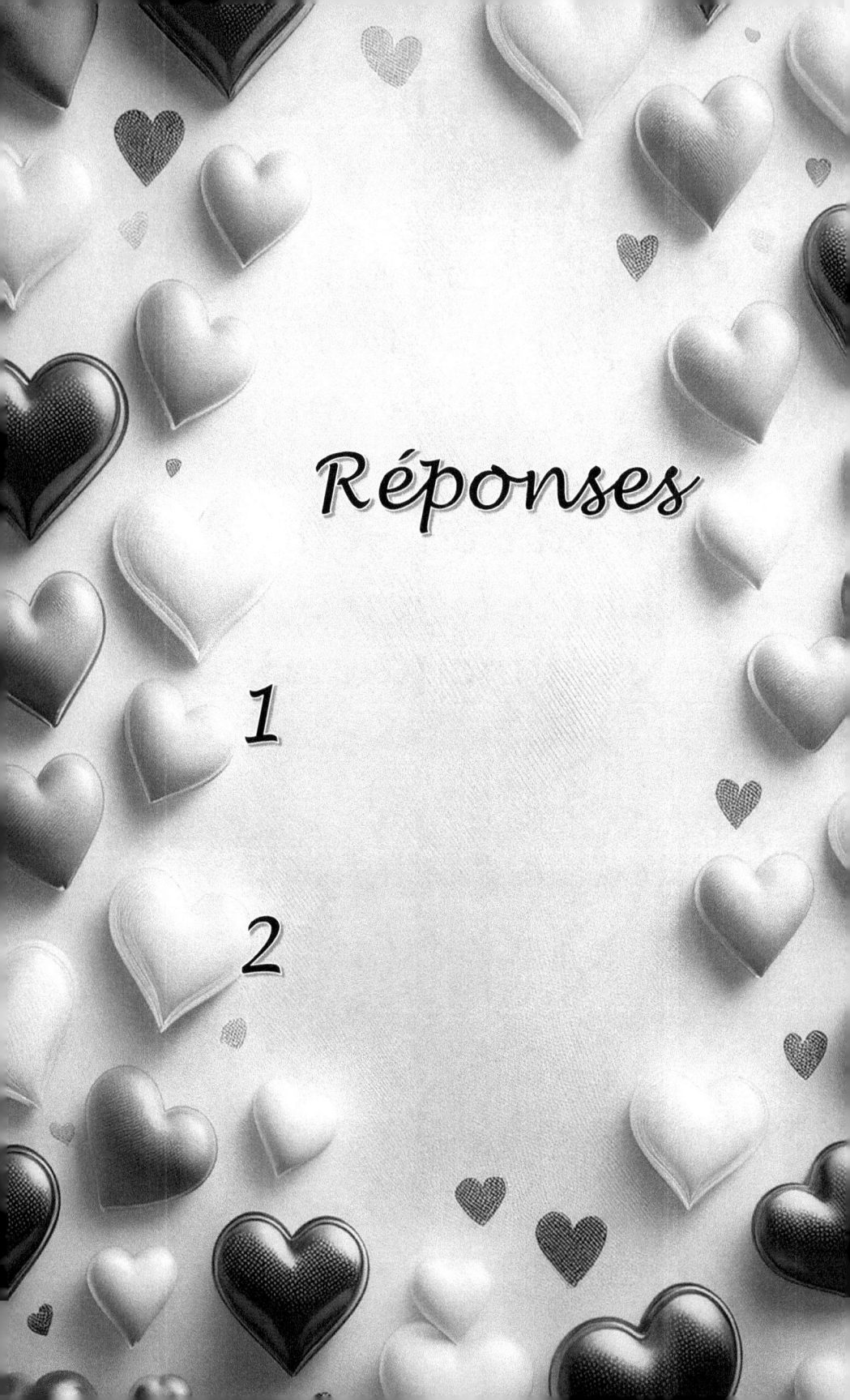

Réponses

1

2

Semaine 29

Quelle serait ma première destination rêvée pour un voyage en amoureux ?

Si je pouvais dîner avec une célébrité (vivante ou morte), qui choisirais-je ?

Réponses

1

2

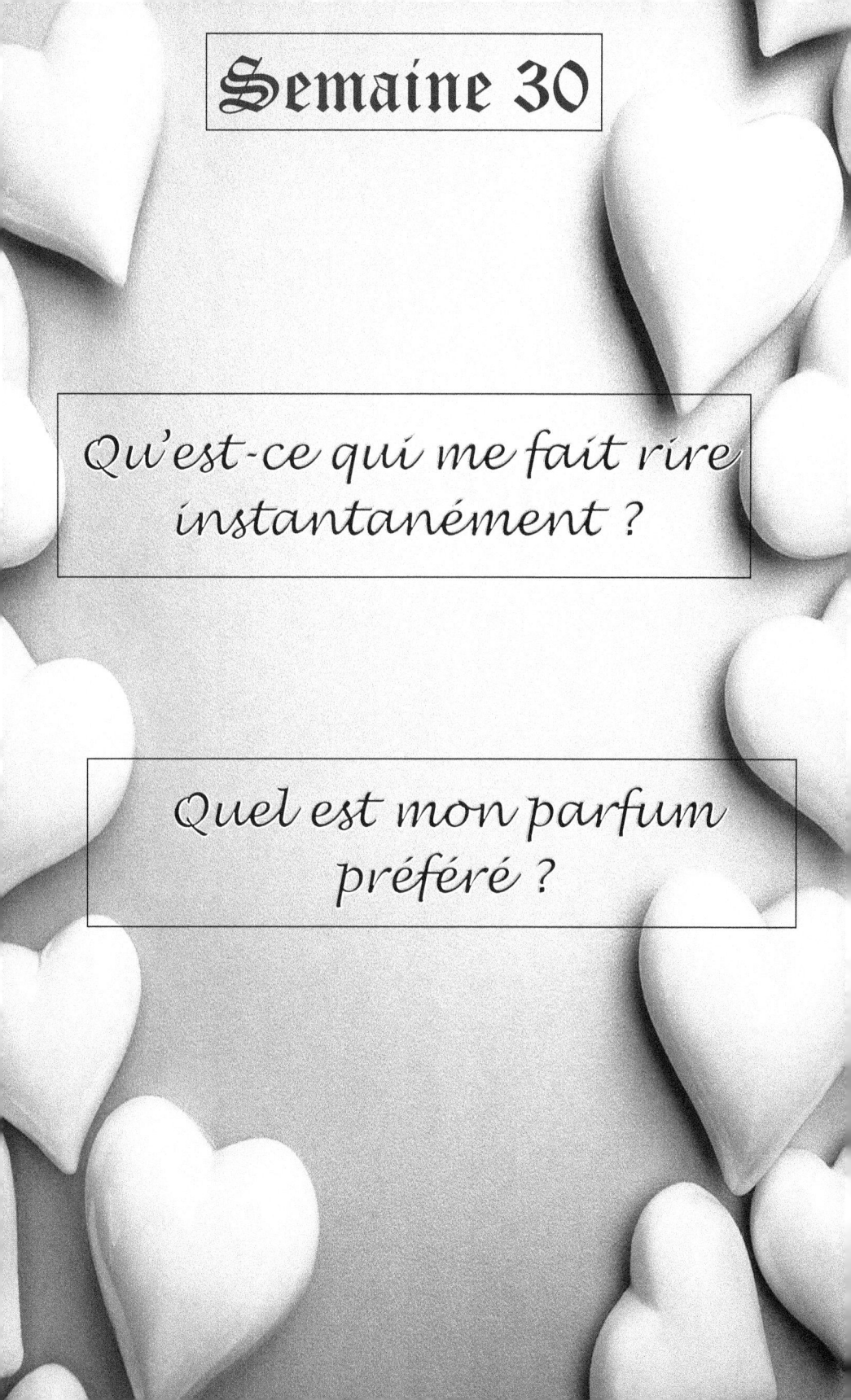

Semaine 30

Qu'est-ce qui me fait rire instantanément ?

Quel est mon parfum préféré ?

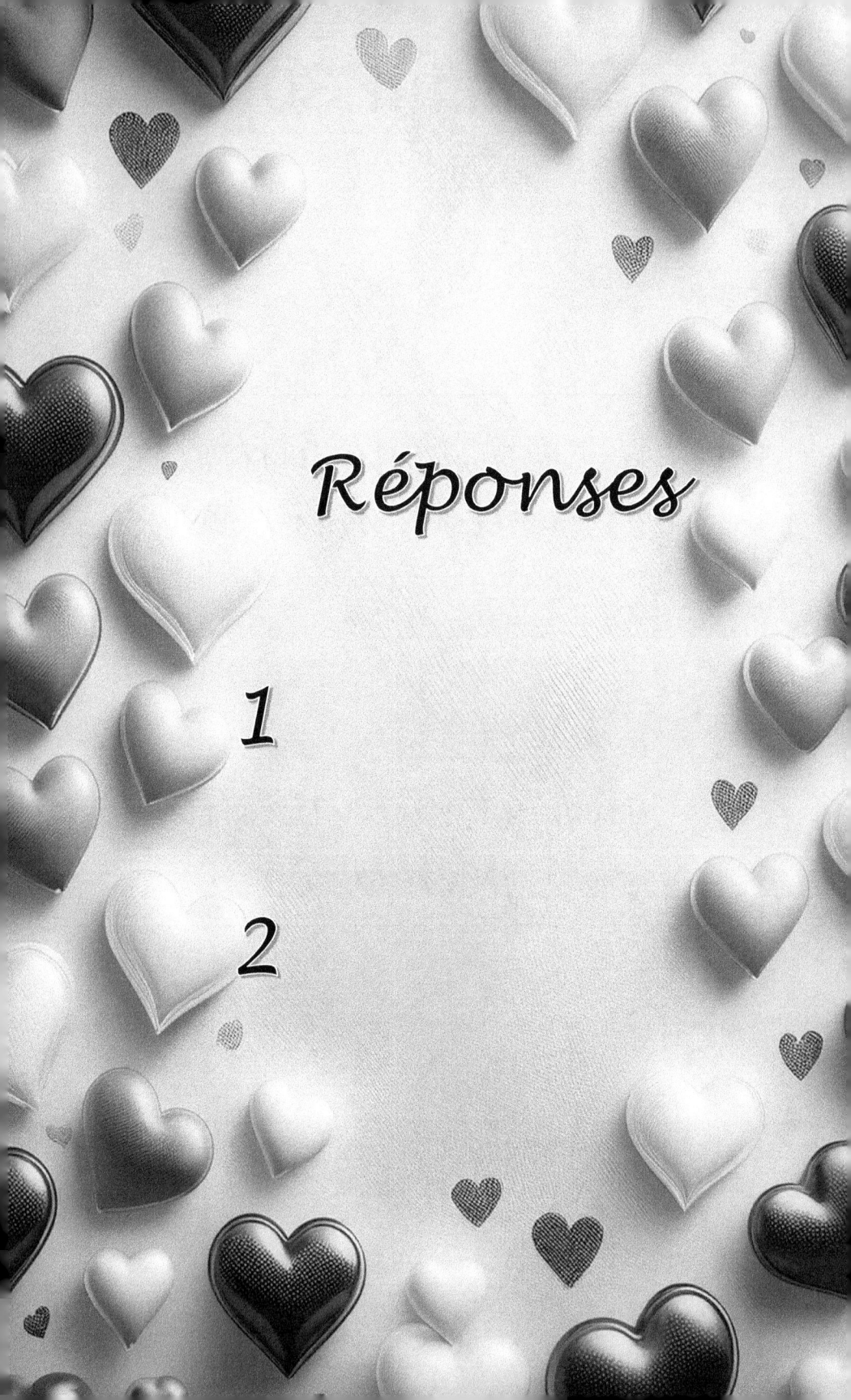

Réponses

1

2

Semaine 31

Si je pouvais changer un seul élément dans notre maison, qu'est-ce que ce serait ?

Quelle est la chose que je fais le plus souvent pour toi au quotidien ?

Réponses

1

2

Semaine 32

Qu'est-ce que je préfère recevoir comme cadeau d'anniversaire ?

Quel est mon plus grand regret ?

Réponses

1

2

Semaine 33

Quelle est ma principale source de stress dans la vie ?

Quel est mon meilleur souvenir de vacances avec toi ?

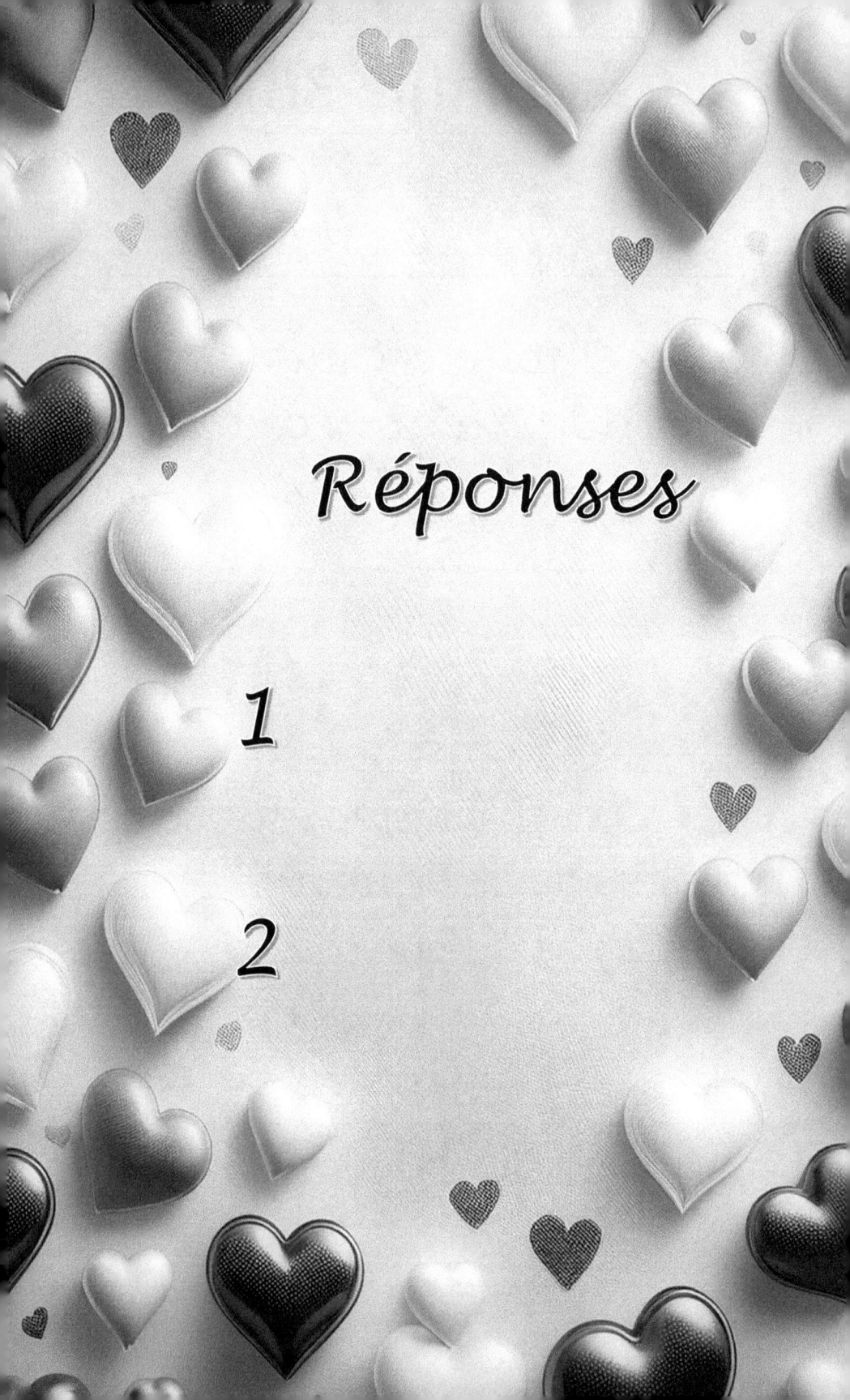

Réponses

1

2

Semaine 34

Si je devais me déguiser pour Halloween, en quoi me déguiserais-je ?

Qu'est-ce qui me fait pleurer facilement ?

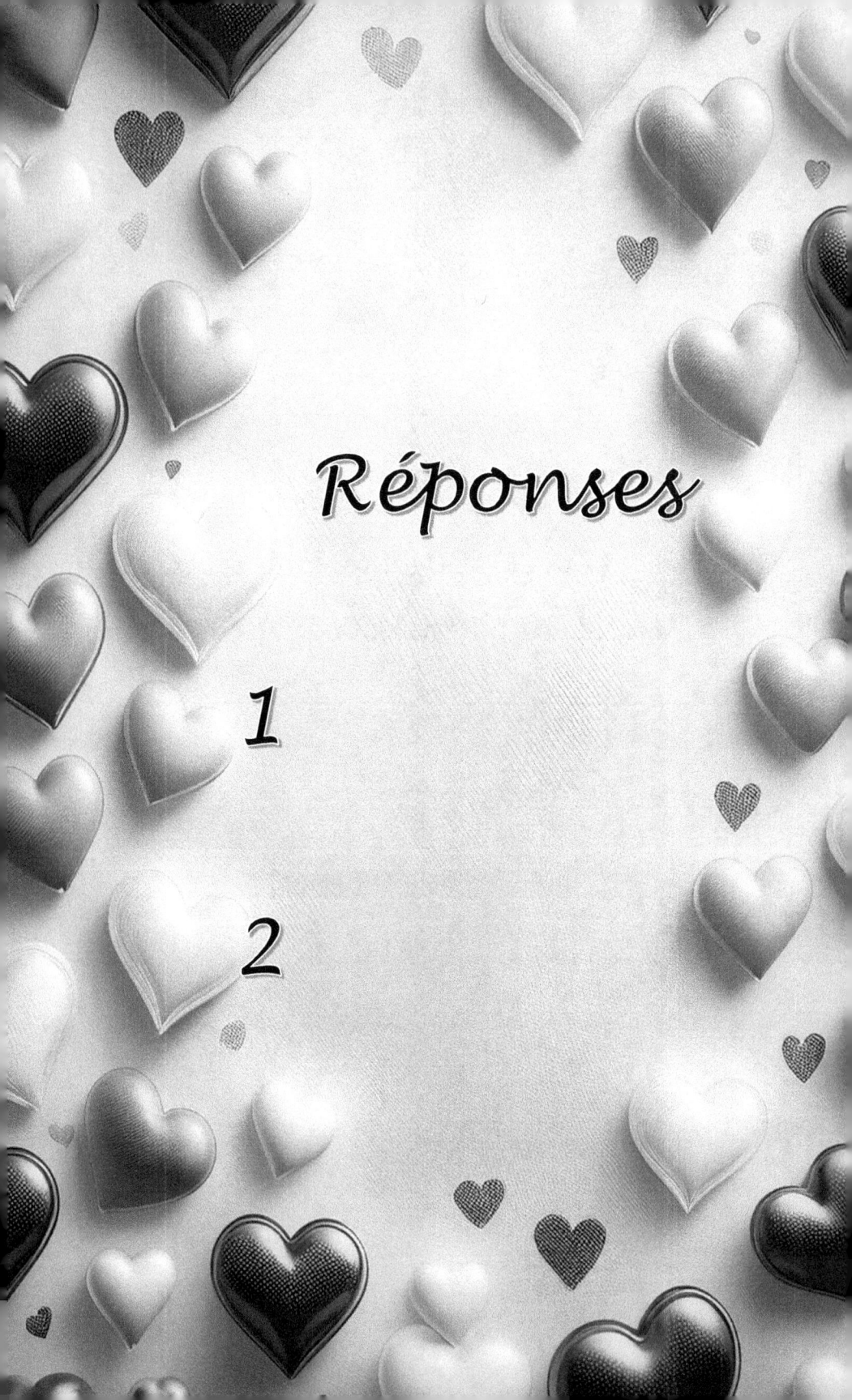

Réponses

1

2

Semaine 35

Quel est mon fruit préféré ?

Quelle est la tâche ménagère que je déteste le plus ?

Réponses

1

2

Semaine 36

Quelle est mon activité sportive ou exercice préféré ?

Quelle est ma friandise préférée ?

Réponses

1

2

Semaine 37

Quelle est la qualité que j'admire le plus chez toi ?

Si je pouvais adopter un second animal, lequel choisirais-je ?

Réponses

1

2

Semaine 38

Quelle est la chose qui me stresse le plus avant une grande occasion ?

Quelle est la chose que tu fais qui m'agace le plus ?

Réponses

1

2

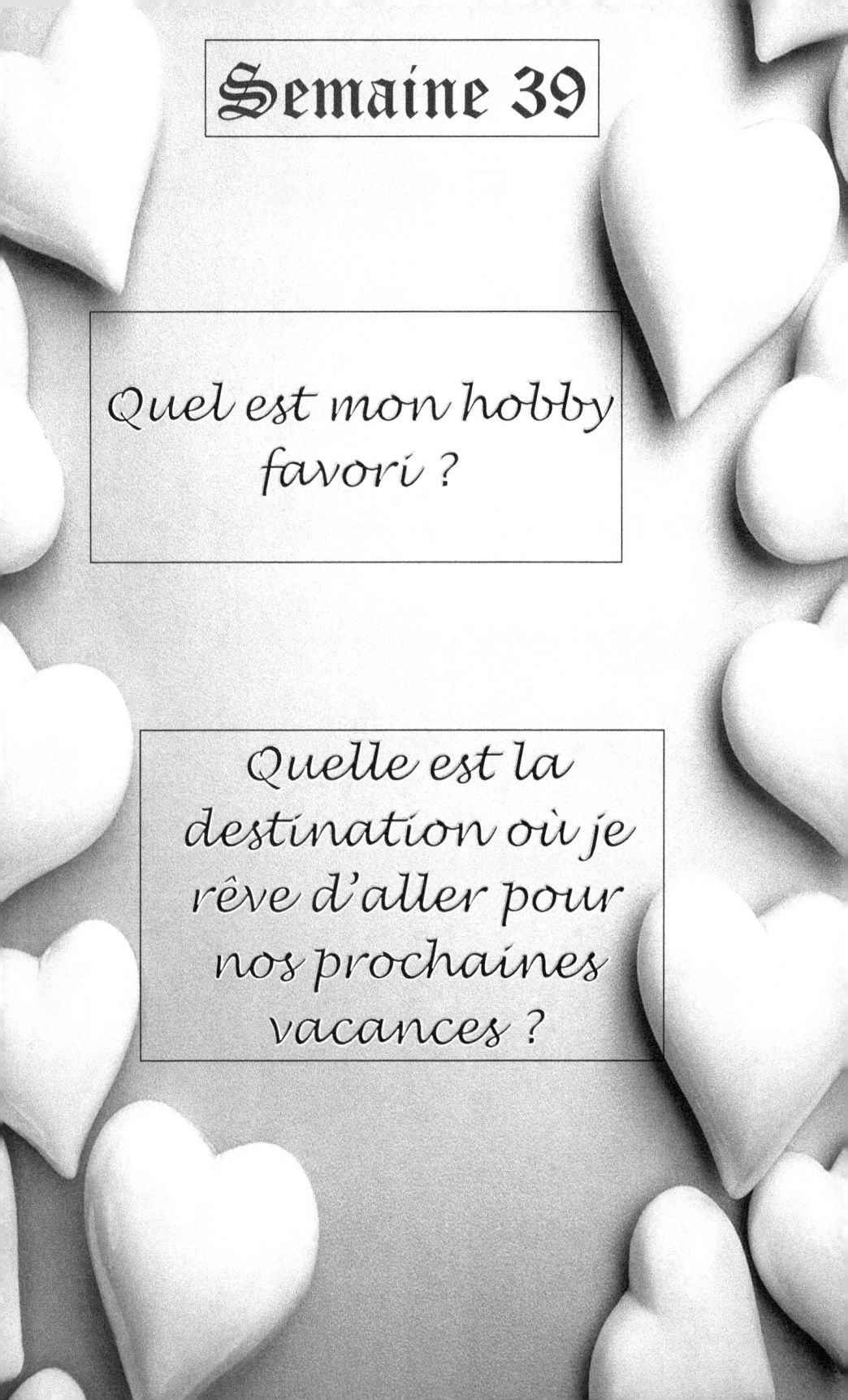

Semaine 39

Quel est mon hobby favori ?

Quelle est la destination où je rêve d'aller pour nos prochaines vacances ?

Réponses

1

2

Semaine 40

Qu'est-ce que j'aime le plus faire avec toi ?

Quelle est ma boisson préférée en soirée ?

Réponses

1

2

Semaine 41

Quel est le dernier rêve que je t'ai raconté ?

Si je devais te surprendre avec un rendez-vous surprise, qu'est-ce que j'organiserais ?

Réponses

1

2

Semaine 42

Quelle est l'histoire que j'adore raconter ?

Quelle est la chanson que je pourrais écouter en boucle ?

Réponses

1

2

Semaine 43

Quel est le cadeau le plus inattendu que je t'ai offert ?

Si je devais choisir entre une soirée cinéma et une soirée jeu, que préférerais-je ?

Réponses

1

2

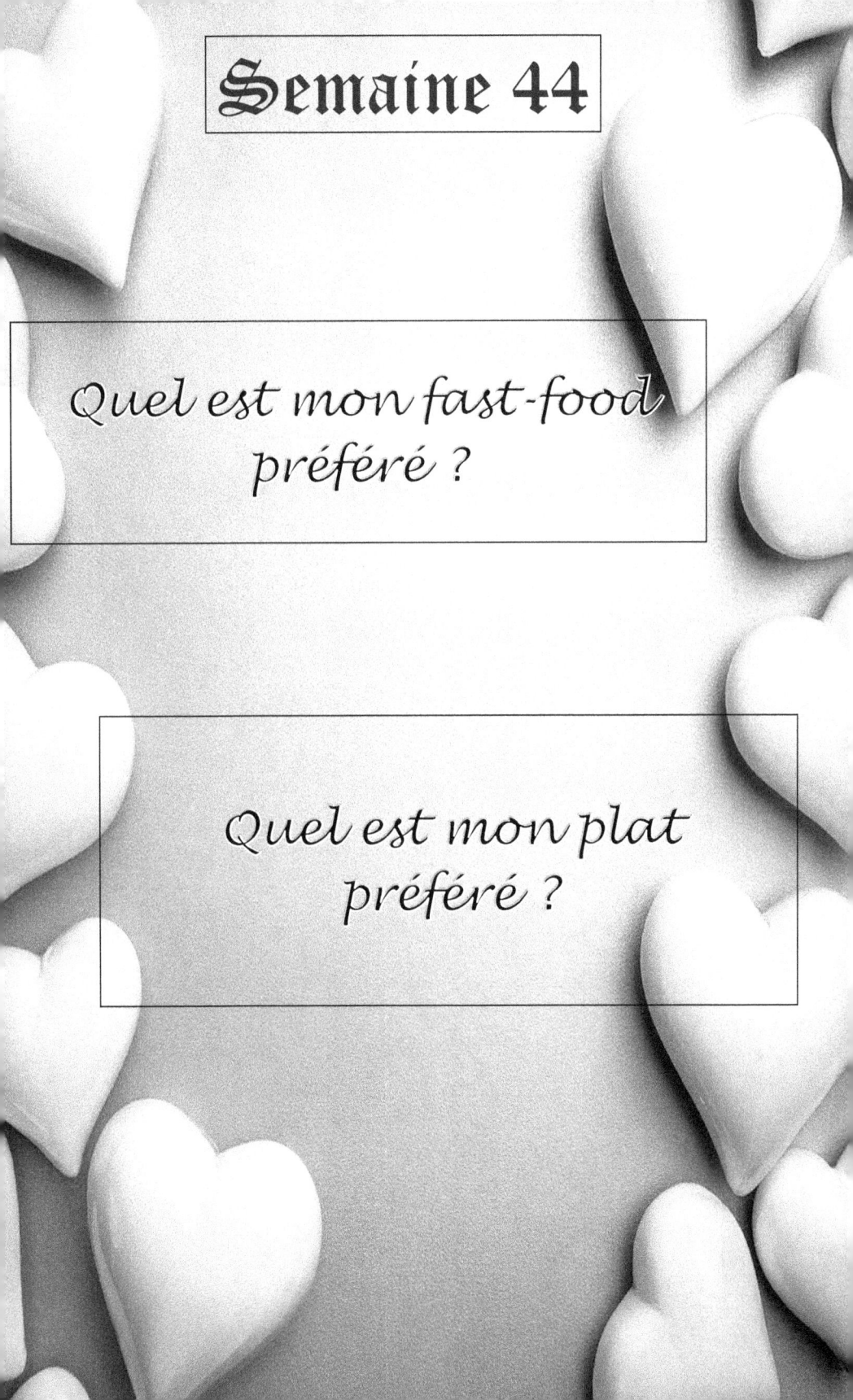

Semaine 44

Quel est mon fast-food préféré ?

Quel est mon plat préféré ?

Réponses

1

2

Semaine 45

Quelle est ma citation ou maxime préférée ?

Quelle est la première chose qui m'a plu chez toi ?

Réponses

1

2

Semaine 46

Si je devais choisir un personnage de fiction qui me représente, qui serais-je ?

Quelle est ma pizza préférée ?

Réponses

1

2

Semaine 47

Quel est mon plus grand fou rire avec toi ?

Quelle est la plus grande surprise que tu m'as faite ?

Réponses

1

2

Semaine 48

Si je pouvais redevenir enfant pour une journée, que ferais-je ?

Quelle est la plus belle déclaration d'amour que tu m'as faite ?

Réponses

1

2

Semaine 49

Quelle est la chose que tu as faites, qui m'a le plus énervé(e) ?

Si je pouvais passer une journée avec toi n'importe où dans le monde, où irions-nous ?

Réponses

1

2

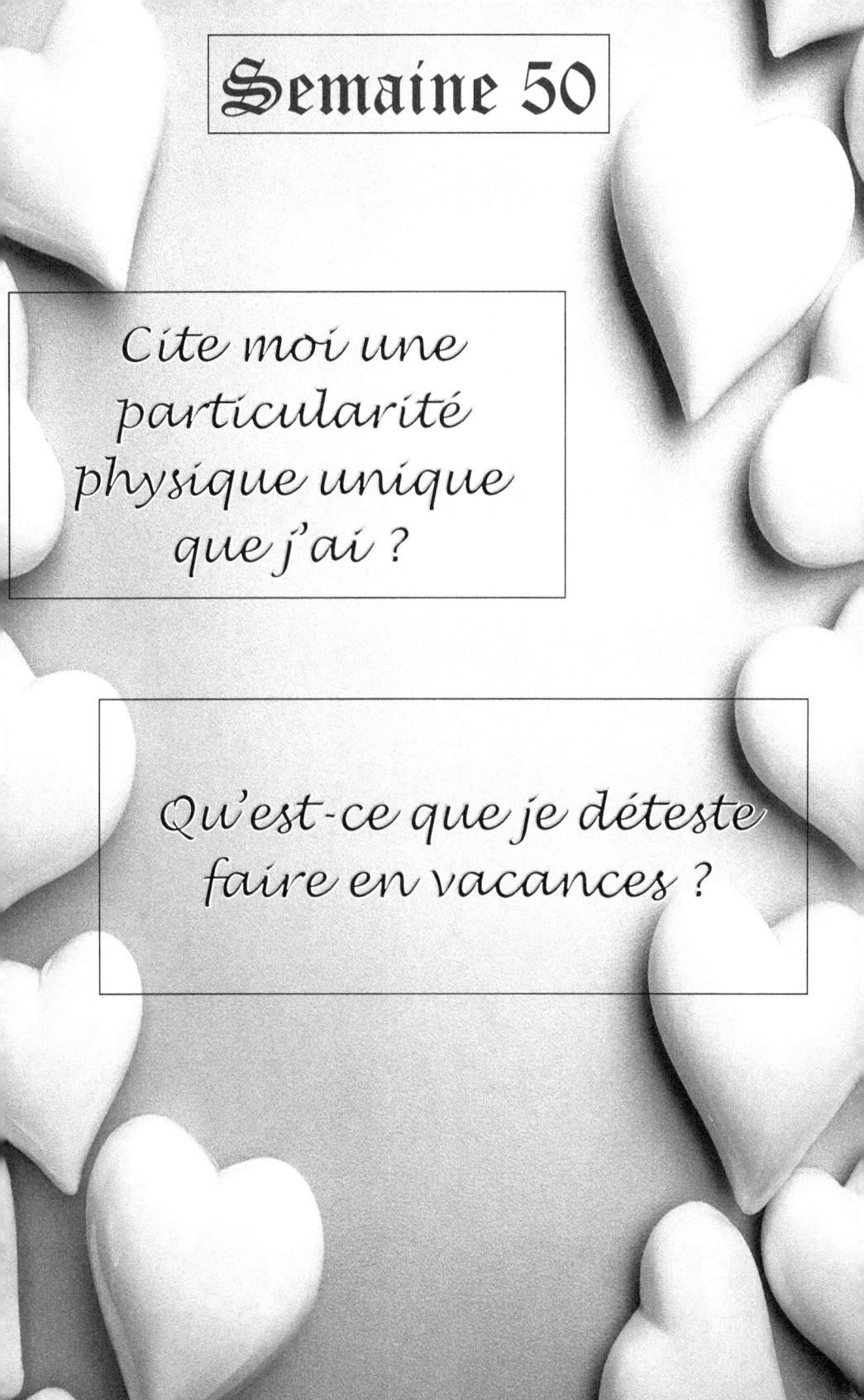

Semaine 50

Cite moi une particularité physique unique que j'ai ?

Qu'est-ce que je déteste faire en vacances ?

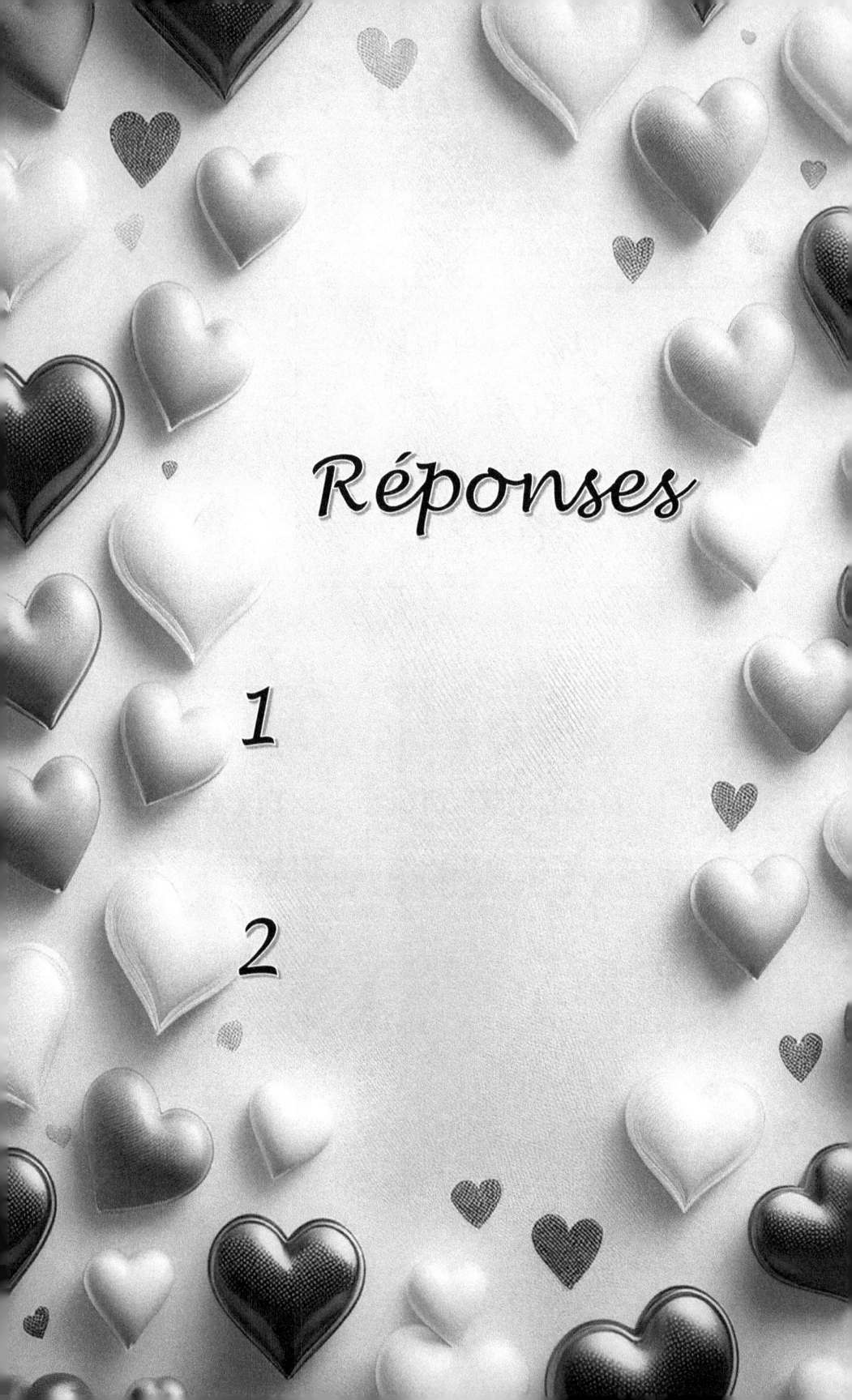

Réponses

1

2

Semaine 51

Quel est mon moment préféré quand on fait l'amour ?

Quelle est la tâche quotidienne qui ne me dérange pas ?

Réponses

1

2

Semaine 52

A quelle époque aurais-je bien aimé vivre ?

Quel est le reproche que tu me fais le plus souvent ?

Réponses

1

2

Semaine 53

A quel objet de notre maison suis-je le plus attaché(e) ?

Qu'est-ce que j'adore faire, mais que je ne fais presque jamais ?

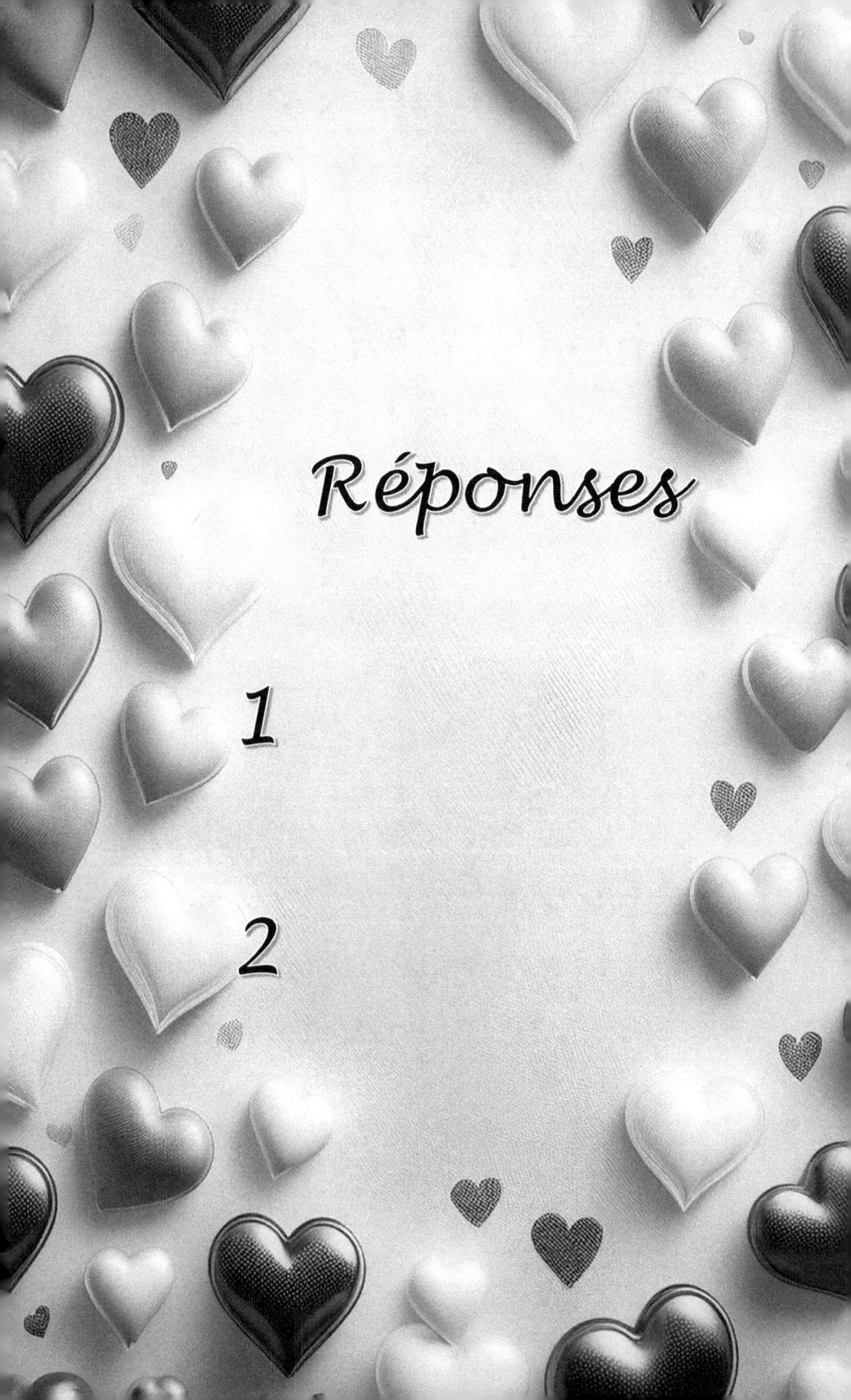

Réponses

1

2

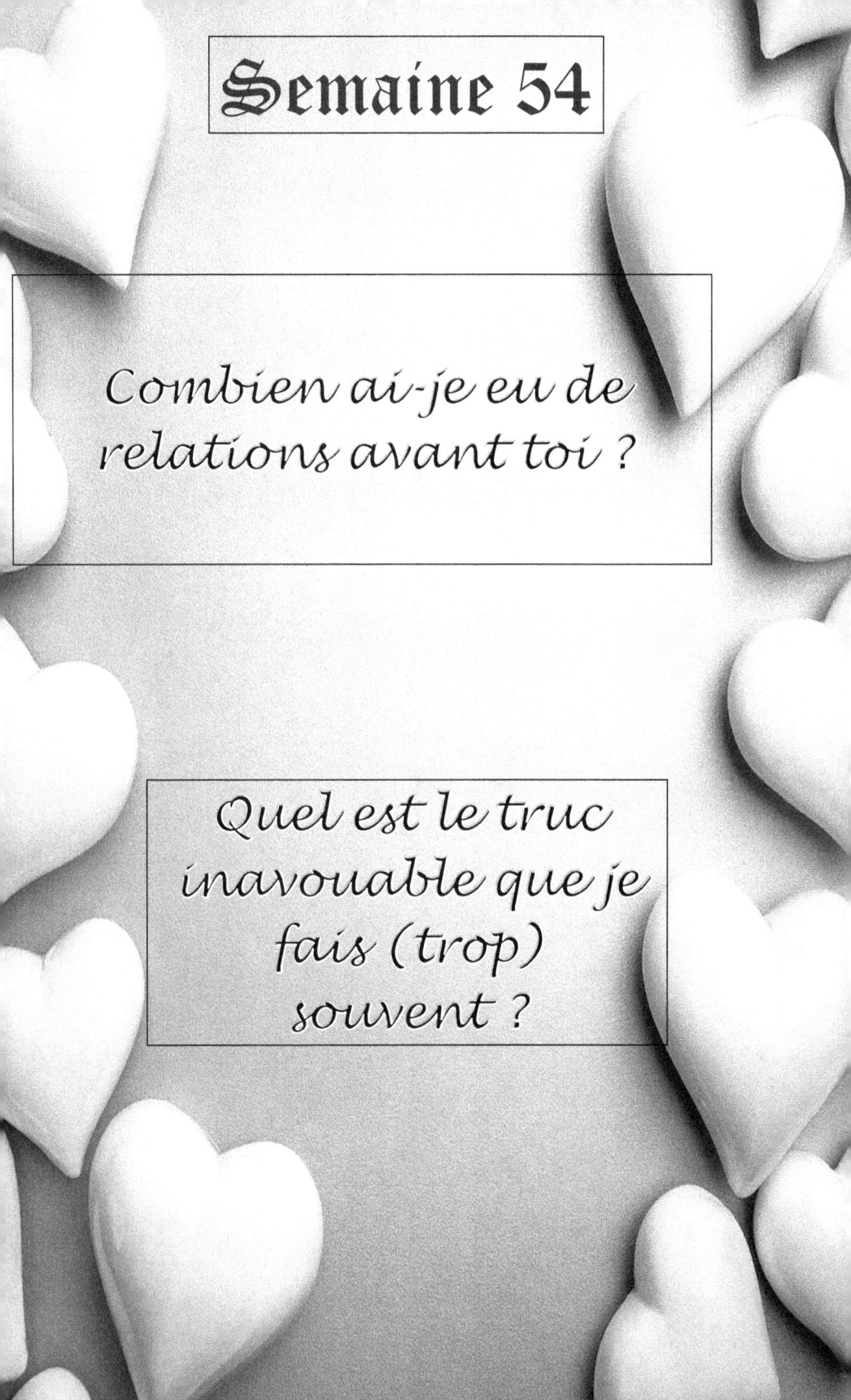

Semaine 54

Combien ai-je eu de relations avant toi ?

Quel est le truc inavouable que je fais (trop) souvent ?

Réponses

1

2

Semaine 55

Quelle chose sais-tu de moi que les autres ne savent pas ?

Quel est le mot que je répète tout le temps, comme un tic de langage?

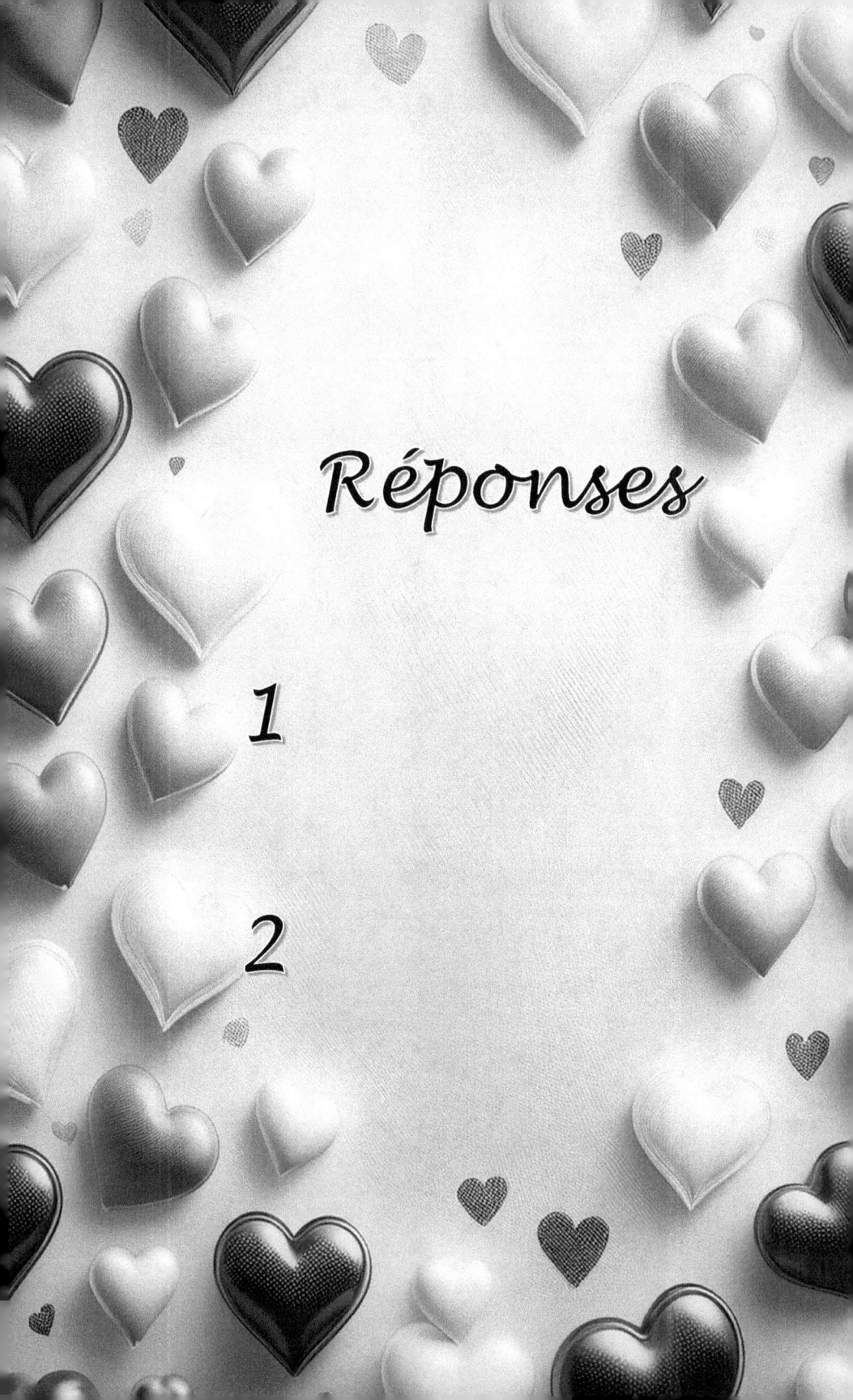

Réponses

1

2

Semaine 56

Qu'aimerais-tu que je fasse, mais que je ne fais jamais ?

Quelle est la chose que je fais souvent, que tu aimerais que j'arrête de faire ?

Réponses

1

2

Semaine 57

Si je pouvais vivre dans un autre pays, j'irais où ?

Si j'étais un animal, je serais quoi (de mon point de vue) ?

Réponses

1

2

Semaine 58

Quelle action célèbre (invention, fait historique) aurais-je aimé accomplir ?

Si je pouvais avoir toujours le même âge, je choisirais lequel (à 5 ans près) ?

Réponses

1

2

Semaine 59

Quel est le trait de caractère que je n'aime pas chez moi ?

Quel est la partie de mon corps que je n'aime pas ?

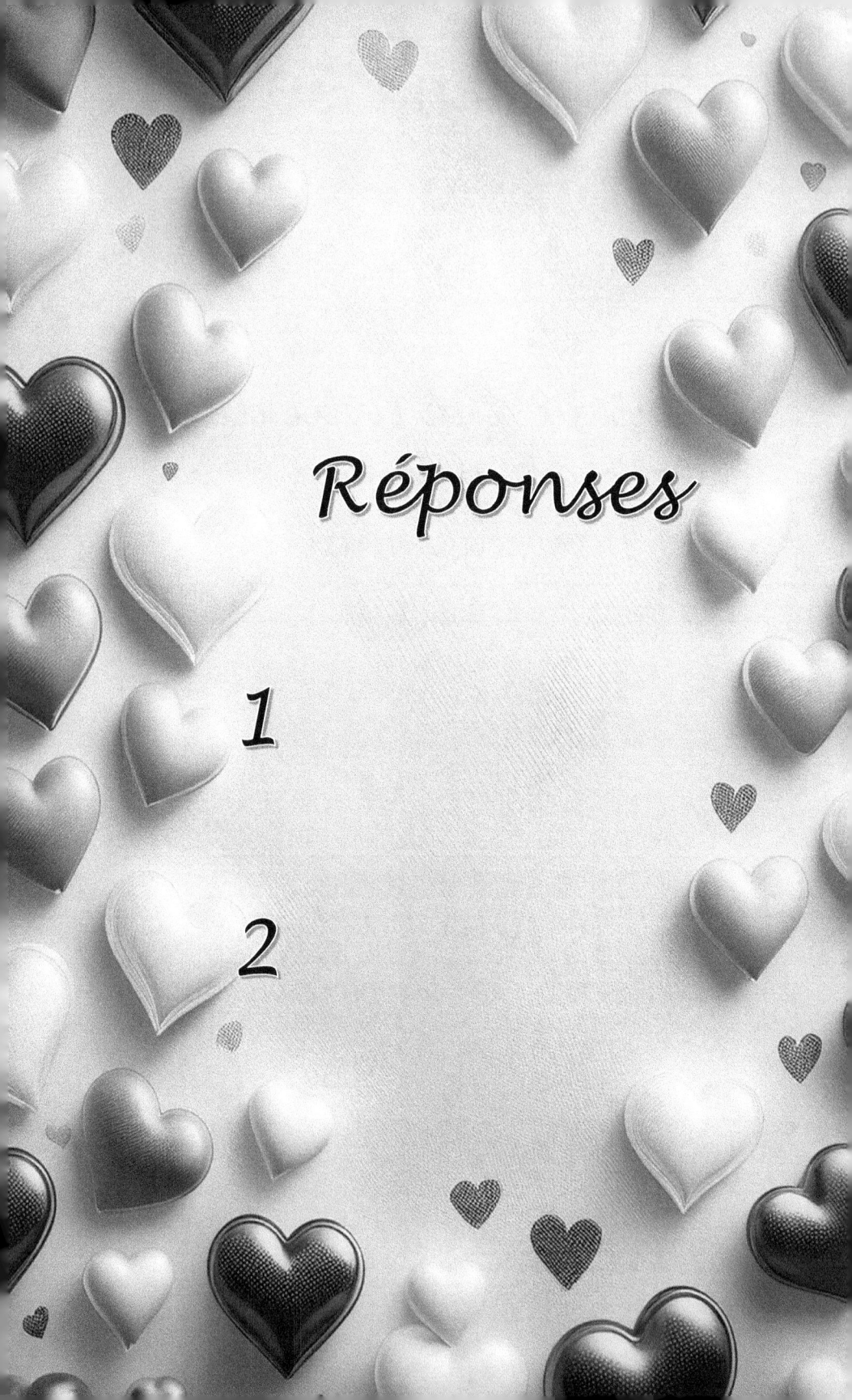

Réponses

1

2

1. **Écrire une lettre d'amour** et la lire à voix haute à l'autre.
2. **Préparer un dîner surprise** avec des bougies et une playlist romantique.
3. **Faire un massage de 20 minutes** à l'autre sans rien demander en retour.
4. **Donner un baiser à chaque partie du corps** de l'autre, de la tête aux pieds.
5. **Dessiner un cœur sur le corps de l'autre** avec du chocolat ou de la crème.
6. **Passer la soirée à dire "oui"** à toutes les demandes de l'autre.
7. **Organiser une chasse au trésor** dans la maison avec des indices menant à un cadeau ou une surprise.
8. **Préparer les repas pendant trois jours**, sans se faire aider.
9. **Donner un câlin** chaque fois que l'autre en demande, pendant les prochaines 24 heures.
10. **Écrire une chanson ou un poème** sur l'autre et la/le chanter.
11. **Embrasser l'autre pendant 3 minutes d'affilée**, sans s'arrêter.
12. **Préparer un petit déjeuner au lit** pour l'autre dès le lendemain matin.
13. **Faire un pique-nique à la maison**, en préparant tout comme pour un vrai.
14. **Nettoyer la cuisine de fond en comble**, y compris le frigo.
15. **Faire une danse sexy** pour l'autre avec une chanson de son choix.
16. **Nettoyer toute la salle de bain**, y compris les toilettes et la douche.
17. **Parler avec un accent** drôle pour le reste de la journée.
18. **Faire le tour de la maison en sous-vêtements** pendant quelques minutes.
19. **Faire les courses seul(e)** cette semaine et ramener une surprise.

20. **Faire le tour du salon en marchant comme un animal** de l'autre choix.

21. **Lancer un défi "posture ridicule"**, celui qui tient le plus longtemps gagne.

22. **Faire un dîner thématique**, avec un menu inspiré d'un pays de votre choix.

23. **Nettoyer la voiture**, à l'intérieur comme à l'extérieur.

24. **Repasser tous les vêtements** du panier à linge.

25. **Faire un défilé de mode avec des tenues de l'autre**, peu importe si elles te vont ou non.

26. **Imiter un célèbre personnage de film** et laisser l'autre deviner qui c'est.

27. **Planifier une sortie surprise**, sans dire où vous allez.

28. **Organiser un "camping" dans le salon**, avec couvertures et coussins comme une cabane.

29. **Danser sans musique** pendant 2 minutes devant l'autre.

30. **Faire un strip-tease** pour l'autre.

31. **Embrasser le corps de l'autre à un endroit qu'il/elle choisit**.

32. **Laisser l'autre choisir ta tenue** pour le reste de la soirée, même si elle est osée.

33. **Prendre une douche ou un bain ensemble**, en laissant l'autre te savonner.

34. **Donner un massage des pieds** après une longue journée.

35. **Passer 5 minutes à murmurer des mots doux à l'oreille** de l'autre, sans rire.

36. **Faire un massage sensuel** avec de l'huile parfumée.

37. **Porter un accessoire sexy** pendant le reste de la soirée, même si vous ne sortez pas.

38. **Prendre une photo coquine ensemble** (pour usage privé bien sûr !).
39. **Proposer un scénario de rôle-play** et jouer avec l'autre pendant 10 minutes.
40. **Embrasser les lèvres de l'autre avec un fruit** (fraise, cerise, etc.) entre les lèvres.
41. **Écrire un message coquin** à l'autre, à lire à voix haute.
42. **Porter un vêtement choisi par l'autre** pendant toute une journée.
43. **Parler de tes fantasmes**, et demander à l'autre de faire de même.
44. **Faire une confession intime**, un désir ou un fantasme jamais avoué.
45. **Passer une minute à dire ce que tu adores chez l'autre**, en chuchotant à son oreille.
46. **Laisser l'autre choisir une activité coquine** pour la prochaine heure.
47. **Passer l'aspirateur dans toutes les pièces** de la maison.
48. **Nettoyer les vitres** de toutes les fenêtres de la maison.
49. **Proposer une danse ou une scène coquine** tirée d'un film, et l'imiter.
50. **Faire un compliment sincère** à l'autre, sans hésiter.
51. **Faire le café ou le thé de l'autre** tous les matins pendant une semaine.
52. **Dessiner un tatouage temporaire** sur l'autre, avec des marqueurs ou des stylos (en restant respectueux).
53. **Changer les draps du lit** et faire le lit tous les matins pendant une semaine.
54. **Faire la vaisselle à la main** pendant les trois prochains jours, même s'il y a un lave-vaisselle.
55. **Faire les courses avec un budget limité**, et préparer un repas à partir de ce que tu trouves.
56. **Faire une liste de choses que vous voulez faire ensemble**, et choisir une activité à réaliser.

57. **Préparer une soirée cinéma** avec des snacks, comme au cinéma.

58. **Organiser une soirée selon le désir de l'autre.**

59. **Préparer le petit déjeuner au lit** pendant trois jours.

www.ingramcontent.com/pod-product-compliance
Lightning Source LLC
Chambersburg PA
CBHW070145230526
45471CB00002B/519